만인시인선·88
가설무대 커튼콜

정숙 시집

가설무대 커튼콜

만인사

시인의 말

 나의 8번째 시집 『가설무대 커튼콜』을 세상에 내어보낸다. 한 세상 살다보니 변방의, 그것도 가설무대에서 한마당 놀음이었다는 걸 새삼 깨닫는다.
 땅 속 뿌리가 어둠을 먹고 키운 고독이, 죽고 싶도록 휘휘해지면 그땐 지독한 슬픔이 웃는다. 하, 하, 하 미친 듯 웃으며 커튼콜로 시의 밥상을 차려내었으니 흠향(歆饗)하시라.

차 례

시인의 말 ──────── 5

1. 까막새 연정

쓰담보살 ──────── 13
까치놀 ──────── 14
복사꽃 화안한 ──────── 15
제라늄 ──────── 16
민들레 ──────── 17
산책길에서 ──────── 18
분홍빛, 그 시절 ──────── 19
동백 ──────── 20
목화솜 ──────── 21
노란 바람개비들에게 ──────── 22
까막새 연정 ──────── 23
빨래판을 깨우다 ──────── 24
화투치는 밤 ──────── 25
가을 허공 ──────── 26
능소화 폭포 ──────── 27
손 ──────── 28

차 례

2. 나의 세월호

유리꽃병 —— 31
2021 초파일 —— 32
나의 세월호 —— 33
송곳과 조울증 —— 34
곡예사 —— 35
별똥별에 관한 보고서·1 —— 36
별똥별에 관한 보고서·2 —— 37
별똥별에 관한 보고서·3 —— 38
별똥별에 관한 보고서·4 —— 39
때밀이 수건 —— 40
시궁창에서 날개를 찾다 —— 41
낚시줄 드리우고 —— 42
바람의 날개 —— 43
자화상 —— 44
씨 없는 포도를 따먹는다 —— 45
입술 낙관 —— 46
초겨울의 여름밤 —— 47
회오리사탕을 빨며 —— 48

차 례 ─────────────

운암산에서 ────────── 49
한여름밤의 광시곡 ─────────── 50

3. 가설무대

소리 없는 북 가설무대·1 ─────────── 55
가을, 발걸음 가설무대·2 ─────────── 56
까치집 외사랑 가설무대·3 ─────────── 57
밟히다와 밟다 가설무대·4 ─────────── 58
해야, 해야 가설무대·5 ─────────── 59
시간풀무질 가설무대·6 ─────────── 60
골목길 가설무대·7 ─────────── 61
후드가 밤새 떨고 있었다 가설무대·8 ─────────── 62
팽이 가설무대·9 ─────────── 63
타이어에 바람 넣는 나무 가설무대·10 ─────────── 64
뒷모습 가설무대·11 ─────────── 65
재울음 기다리며 가설무대·12 ─────────── 66
흰나비 가설무대·13 ─────────── 67

차 례

벽 가설무대·14 ─────── 68
미투라 신고 않을래요 가설무대·15 ─────── 69
뜨개질 가설무대·16 ─────── 70
해갈 가설무대·17 ─────── 71
칫과에서 가설무대·18 ─────── 72
맹신도 가설무대·19 ─────── 73
자가격리 중 가설무대·20 ─────── 74

4. 시인의 레시피

백탑시인 ─────── 77
미슐랭 스타 ─────── 78
시인의 레시피 ─────── 79
봄날, 명시 한 편에 젖어들다 ─────── 80
생선회를 먹으며 ─────── 81
빙하, 혹은 커튼콜 ─────── 82
내 안이 동물원이다 ─────── 84
꽃뱀의 눈썰미 ─────── 85
달북의 동기간愛 ─────── 86

차 례

처용의 아내 —————— 87
가을 엽서가 도착했다 —————— 88
해바라기와 시건방 떨다 —————— 89
생이란 —————— 90
이천십육년 삼월 —————— 91
시, 너는 —————— 92
말의 무늬 —————— 93
시, 발 —————— 94

|시인의 산문|
신생의 시를 찾아서 —————— 95

1
까막새 연정

쓰담보살

 구름이 하늘에 멋드러지게 꽃 피우듯이 한 순간 바람의 깃털에 찔려 숲속으로 쿵, 넘어지는 설해목 여린 등걸을 쓰담, 쓰담 어루만져주는 손이 있다

까치놀

세월을 감는 실꾸리다

과거도 미래도 핏빛으로 물들이는

저 물결 속 숨어 있는 수평선

무슨 빛깔에라도 스며들 수 있는

힘 빠진 나를 기다리고 있다

복사꽃 화안한

   가을숲 언저리에 시간과 사랑의 민낯 있다 어둠의 벽에 갇힌 짐승이라 울부짖으면서도 복사꽃 화안한 꿈속인 줄 착각한다 목이 너무 길다 거친 등걸에 자꾸 채찍질하여 살구꽃이라도 한 송이 피워내길 기다린다 암세포도 꽃이라 우기고 있는 시인아, 시인아!

제라늄

사층 베란다에서 쓰레기장 내려다보며

테스형*처럼 턱 빠지게 웃고 있다

게발선인장꽃 이미 턱 빠져버렸고

제 몸에 썩은 내 나는 줄 모르는 쓰레기통

개나리들 철통같이 에워싸고 있다

나리 나리 개나리 세상이 왜 이래

고약한 향기 풍기고 있다

*나훈아의 테스형에서

민들레

범어산 나목들이 추위 이기느라

꼭꼭 여미었던 앞가슴

기지개 켜며 날개 펼치다가

툭, 툭 희고 노오란 단추들

산기슭 여기저기 떨어뜨리는 걸 보고

햇살이 봄 골고루 나누어준다

산책길에서

  능소화 늘어진 꽃송이들 눈인사 받으며 칠월 아침을 걷는다 놀이터 그네에 앉아 둔한 등산화로 하늘 툭, 쳐본다

  몸이 비스듬히 기울어지니 소나무들, 하늘은 자기 것이라고 이미 맡은 지 오래되었다고 작은 키로 하늘 차지하려고 잔소리, 또 잔소리 마음 풀어 하소연한다

  짜증내는 척, 편안한 미소
  그들의 말소리에 귀 기울인다

분홍빛, 그 시절

달빛 그득하던 항아리 깨져버려
훌쩍훌쩍 사금파리 줍던 날

그 때 떨림의 사랑
그림자가 피워낸 꽃송이에 앉은

내 가설무대에서
이슬방울 초롱초롱하다

동백

삶의 미련 다 버린 듯
모가지 째 툭, 떨어진
동백 한 송이 흰 사발에 띄운다

꽃이었던 기억 지우고 싶지 않은지
다시 새물새물 기운 차린다

동백기름 바르고 쪽진
어머니 화안한 웃음 피워낸다

제 몸 병든 줄 모르고 까불거리는
딸 꿈에 소복의 근심도 되살리고 있다

허리 질끈 동여맨
양단 치마 저고리
악어백 옆구리에 낀
어무이, 어무이예!

목화솜

여름동안 머금은 햇살
실로 뽑아내겠다고 물레 잣던 어머니
딸은 한 번도 그 빛 본적 없다 앙탈이다가
콧대 센 남자꼬임에 빠져
평생 어둠에 갇혀버린 동네 언니

그래도 어머닌 물레를 잣고
언니는 스스로 빛 만드는 법 깨달아
미혼모란 놀림 이겨내더니
예순 지난 이제 마을의 지팡이로
솜이불로 동네 노인들 등 따시게 덮어주네

노란 바람개비들에게

생각 없이, 아무 생각 없이
그저 흐르는 물은
꽃 피울 수 없다는 걸 알고 있니?

사랑하는 내 손자들
동영, 민규, 곤태, 민서, 태하야

인생이란
의자 하나 끌고 가려다
평생 의자에 끌려 다니는 것이지만

그래도 가야한단다, 무작정 힘 내거라
내 귀엽고 노란 바람개비들!

바람에 너무 기대지 말고
혼자서 마음껏 돌릴 수 있도록

까막새 연정

아버진 딸이 늘 이쁘게 꾸미기 원하셨다 어린 입술에 구츠베니 발라주시고 고대기 화롯불에 달구어 머리카락 곱실곱실 구워주셨다 타는 내가 나기도 했지만 스무 해 뒤 시집 간 셋째 딸이 설 지나 아버지 생신이라 초록치마 노랑저고리 입은 모습 보시고

이뿌다! 이뿌다! 손뼉 치시더니
그날 일제강점기, 한국전쟁 다 거친
생의 무대 떠나시는 날인데, 난
아버지 살리려 급히 보살 찾아가고
그 사이 아버지는 외동 며느리에게
굵은 딸기 하나 쥐어주고
먼 길 홀로 떠나시고

빨래판을 깨우다

한 겨울 오목천 냇물 얼음 깨어
양잿물이 삶은 무명적삼 치대고 또 치대면서
엄마는 봉화라는 이름 지우고
여자의 한 시절 방망이로 두드려 흘려보내고
친정 기억의 환한 끄트머리
뿌리 채 뽑아 싹싹 비벼대셨는데

무명 치대어 훌렁훌렁 흔들고 있다
날카롭게 굴곡진 골마다 박힌
어둠의 정체 잡아 깨워야한다
물 들어올 때 노 저어야 한다
아직도 그 물때 알아차리지 못하니
내 생은 빨래판 소리만 요란하다

화투치는 밤

　검은 호랑이들이 출몰하는 까치들의 설 그믐밤 그 떠난 뒤 맞이할 봄, 기다린다 사꾸라, 모란 꽃송이마다 길고 가느다란 눈매 들어있다 곧기만 해서 근심 가득한 두 눈동자 바보, 그 쉬운 숨쉴 힘도 없다니! 차마 세게 칠 수 없어 내려놓는다 살다보니 어느새 쓰리 고에 피박인가 이승과 저승, 경계선 무너뜨리기 위해 변명이 변명을 먹는 시간 분명 나비가 될 거라더니 그새 몸 버리고 훨훨 가벼워졌나 소파나 침대모서리에 앉아 있다가 또 어디에도 없다 살아있어서 휘휘한 봄은 어디쯤 와 있는가

가을 허공

아들아,

허공은 비어있는 것이 아니란다

깊이 알 수 없는 저 파란 하늘엔

초조한 눈빛 서린 어미의 기도

처용무되어

하늘하늘 꽃구름되어 떠가네

능소화 폭포

겉절이 같은 내 풋사랑
하얀 백합으로 피어나나 싶더니
아버지 한 마리 용으로 날아올라
화르르, 화르르르 불 내뿜던
첫사랑 무너져 내리던 그 날
화들짝 피어난 저 불꽃 뒤
내 눈물폭포 숨어 흐느끼는 소리 소리들
김광석 거리 높은 벽 위에서
흘러내리고 있네

손

21세기 최신형 인공지능기도 따라올 수 없는 충실한 노예, 그 충성심 눈물겨워라!

2
나의 세월호

유리꽃병

올곧은 꿈의 꽃줄기만 담기 고집하고 있어 전신이 투명해 보일 수밖에 없는 장맛비 사철 내리는 제 고집의 유리 수갑에 손목 묶인 채 불 한번 피워보지 못하고 하세월 성냥개비만 만지작거리고 있다 낡아가기보다 차라리 한 순간에 바싹 깨져버리고 싶은 저 시인, 가슴에 향기 검은 꽃송이 하나 자라고 있는 걸 알고 있는가

2021 초파일

일흔일곱 생일, 그의 마지막

가설무대 수틀에

장엄한 해넘이 준비하고 있는

새벽 다섯 시 까치놀 따라

말소리도, 물 삼킬 목구멍도 거두어

잠시 꿈에 보여준 뒤 훌훌 떠나보내고

나의 세월호

　출렁이는 물결 속 이겨내느라 배 밑창에 물 차오르는 걸 느끼지 못했나 짠물 속 내 손목시계 빠져 녹슬고 있다 일흔이란 나이 멈춘 채 젖가슴도, 자궁도 이제 쓸모없으니 꽁꽁 싸매고 감추었던 몸 아직 새파란 수염 자국 님들 방사능에 지져야한다며 붉은 싸인펜으로 감히 맨가슴에 호작질하면서 살 태우는 냄새, 더 치사한 것은 먹은 것도 뱉어내도록 뱃속에서 그네를 타고 널뛰기하며 머리털이, 손톱이 빠지느냐 마느냐 암태풍 약 막으려 허덕허덕 새빠지게 내 목숨풍차 돌리느라 바닷물 마시며 출구 없는 아이들에겐 작별 인사도 고하지 못했구나

송곳과 조울증

세상의 얼음 송곳날 하나 내 심장 겨누고 있다 오늘도 또 어느 숲으로 깊이 숨어야 하나? 차라리 왕따가 난무하는 저 사람 숲 어둔 불빛 따라가 보자 불빛이 어둠을 살라 먹어치우는 것 같지만 그것은 착각일 뿐, 불빛은 또 다른 빛 잡아먹는다 웃다가 앙칼지게 웃다가 동굴 속 말없는 생명체 찾아나선다

곡예사

    적막은 차라리 왕사탕이다 살갑게 빨아먹어야 한다 하룻밤 뇌수술에 피 멎지 않아 응급실 서너 번 들락거리느라 숨 막히는 아들, 며느리, 현실과 섬망증 사이 절규로 줄타기하는 피에로 아닌, 어미의 심정 이해한다면

별똥별에 관한 보고서·1

 누가 언제 어디쯤에서 던진 돌멩이인가? 코스모스 들판 건너 언덕에 종일 앉아 기다리다 '사랑합니다' 쪽지 준 뒤 감나무에 목 맨 머슴애가 밤하늘에서 보낸 짝사랑 운석인가? 꿈에 소복의 친정엄마 자꾸 가슴 겨드랑이에 알맹이 들어 있다고 내 무딘 손가락이 짚어 보이더니 이른 봄부터 시간 펌프질하며 잠시 눈 돌릴 여가 없이 살아왔는데 가을 갈매빛 개나리 이파리들 시어머니 오지랖에 고깃국 쏟은 며느리 되어 안절부절이다

별똥별에 관한 보고서 · 2

 부끄럽다 죄될까 그토록 꽁꽁 싸매었는데 대숲이 후회스러울 정도로 젖가슴에 마구 칼질 후 젊은이들이 빨강 파랑 그림 그린다 통닭을 방사능으로 지지고 굽는다 두어 시간 누워 맞은 항암약은 적응하느라 구토 일으키는데 먹기는 먹어야 하고 허기 참느라 온 산 헤매다 겨우 복숭아 몇 개로 채우는 이도 있다

별똥별에 관한 보고서·3

 첫 알약 몇 알에 툭, 툭, 떨어져 내리는 머리카락, 울음 죽이며 빡빡 밀어버려야 하는 파르란 입술, 온 전신이 수치스런 부분 가릴 수 있는 모자라면 얼마나 좋을까? 그래야 대낮 하늘이 저 구름처럼 맘대로 그림 그리고 뻔뻔 떨 수 있지 끝내 검게 탄 손톱 발톱도 빠진다는데 핏줄은 자꾸 몸 안으로 숨으면서 무서워, 무서워! 주사바늘이 무서워! 간호사가 팔뚝 다리 다 찰싹 때려가며 찾아도 핏줄이 없어 겨우 발등에서 찾으면 다른 환자까지 만세! 부르며 환호한다 그래도 못 찾으면 목에 구멍 뚫어 바늘 꽂아야 한다

별똥별에 관한 보고서·4

왜? 하필 왜 내가! 무너진 자존심 서러워 울음 삼킨다 자면서도 모자 꼭꼭 눌러 쓴 식당엔 온통 맨머리 스님들이시다 생의 패배자처럼 숨어 구름 부러워하는 사람들, 쉼없이 뒤따라오는 발자국 소리에 쫓기면서 밤낮 모자님 모셔야 한다

때밀이 수건

　보이지 않는 끈님은 멀리 있어 달달 쌉싸래하고, 때밀어준다며 갈수록 까칠해지는 인연이다 그래도 묵은 정 버릴 수 없다

　소심줄보다 더 끈끈하고 질겨
　저승에서도 꼭 만나야 한다

　난소, 자궁, 유방, 위장, 간
　장기 몇 떼어내면서 빈궁마마 되어도

　번갯불에 콩 구워 나누어 먹거나
　파도 심한 물결 헤치며 같이 허우적거린다

시궁창에서 날개 찾다

깃털 뽑혀 볼품 없지만
넓은 세상, 노란 괭이밥도 보여주고
시궁창의 벌레도 보여주니까
시는 시인의 날개
알바트로스의 날개보다 더 커서
질질 끌고 다니며 뒤뚱거리느라
온몸 흙탕물이다

낚싯줄 드리우고

기다려야 산다며
신천에서 해 지는 줄 모르는 사람
요령껏 피하며 사는 길 찾으려
숨바꼭질하는 물고기
환자로 살다보니 갈바람
가을 겨울도 잊어버린 채
넋을 잃어버렸나

요양원 물옥잠 그늘에 숨어
초점 없이 눈알만 굴리며 보낸다

바람의 날개

바람도 자책하면서 회한의 시를 쓰는가
겨울잠 든 나무들 깨워 봄꽃 피우고
빨리 연둣빛 날개 펼쳐 날아오르라며
쉼 없이 부풀리던 이카루스의 날개
태양 가까이서 녹여 스르르 촛농으로
주저앉히는 걸 보면
바람 앞 촛불인 처용아내 날개 꺾으려
암 세포에 풍구질하고 있는 걸 보면

자화상

홍매인 줄 알았는데
흑매를 피운 나무 아래서
기어이 뿌리까지 파봐야 한다며
종일 삽질하다 지쳐 퍼질고 앉아 있다
막대사탕의 단맛 빨고 있던 한 여자
샘물 길어 한 다라이 덮어써야
정신이 퍼뜩 맑아진다며
두레박 당겨 올리고 있다
샘이 얼마나 깊고 깊은지
언제쯤 물 퍼올릴 수 있는지
반나절 지나도록 물소리 들리지 않아
아득히 공허만 바라보고 있다
올라오지 않기를 은근 바라는 눈빛
그래, 잠시 쉴 때는 단맛이지
짭짤 달콤에 젖는 꿈꾸려는데
봄밤, 소소리 바람이 살 파고든다

씨 없는 포도를 따먹는다

사느라 봄인가 여름인가 경계선도 모르던 시절 겨우 넘긴 것 같아 한숨 쉬려는데 몸은 포도 알맹이 몰래 키우고 있었다

그것도 씨 뿌리는지 여기 저기 부위마다 다른 바이러스, 혹을 장기 떼어내는 일이 생선 창자 버리듯 몇 개 들어내어 버린다

산다는 것은 미움, 증오의 혹만 키우는 일 아니고 사랑, 그리움, 외사랑이 햇살 눈부신 꽃밭 가꾸기도 해야 하는 것을

입술 낙관

젊은 밤 꿈결이 내 이마에 찍어 준
그 자국이 시든 사랑의 말초 세포 깨워
분홍낮달맞이꽃 피우고 있다

한여름 대낮 연못보다
더 뜨겁고 환한 밤, 그리움의 발자국

그 떨림의 흔적
골목길이 싹 틔우지 못하는데
난 이미 꽃잎 다 지우고 수술대에 누워
간호사들 수다와 천장 불빛에
바들바들 떨다 스르르 잠이 든다

초겨울의 여름밤

별 떴다는 전갈이 날 벌떡 일으킨다 밤하늘이 굴리는 빛 말이지? 반짝이는 것, 반짝임이 사라지는 이 나이에 서둘러 창을 열어보지만 구름은 검고 두껍다 갑자기 별을 찾는 비밀 하나 물고 잠자리에 든다 먼 듯 가까운 듯 파도치며 내 숲 적시려는 그를 애써 외면해야 하나? 반구대 암각화 새기던 원시, 그 시절로 돌아가기 위해 매일 목선이라도 깎아야 하리 거추장스런 옷 스스로 채운 유리수갑 벗고 짐승 같은 파도 소리에 온몸 적셔보고 싶다 초겨울이지만 여름밤 꽃 한 송이 뜨겁게 피우도록

회오리사탕 빨며

바람은 등뼈 없어 흐느적인다
힘 빼는 척 살랑살랑 마구니 되어
숲 쓰러뜨리기도 한다
척추 바로 세우지 않는다
꽃씨 버려야 한다
의사선생님이 죽은 말씀만 하더니
매일 요양병원 뒷산에 올라 돌탑 쌓던
굵은 금목걸이 젊은 아저씨
진통제, 회오리사탕 빨며
휠체어 타고
생의 마지막 가설무대
호스피스 병동으로 떠나보내고 있다

찐한 사랑이 뼈로, 간으로 전이되어
살구꽃 환한 웃음 피워내기를

운암산에서

요양병원에서 칠순 지난 내 눈꺼풀

세상 열어 볼 수 있도록 하늘 밀어올린다

아카시향이 내 생의 하루 그냥 맡기라 하지만

오늘도 배는 고픈데 입맛 돌지 않는다

바늘이 핏줄 찾다가 발등 더듬거린다

서러움이 팔달교 향해 달려간다

목에 구멍 내어 항암바늘 꽂은 아줌마가

보리밭 침대에서 울음 웃음 짓고 있다

한여름밤의 광시곡

*

피아노 건반 어디에 숨어 있는가 다섯 살부터 두드리고 치고 때리고 숨은 제 꿈 조각 밤송이 털고 있다

왕벌의 비행, 무리에 끼어 날아가거나
즉흥환상곡에 묻혀 흐느적이기도 하는
가녀린 손가락 길들이느라 바친 꿈들이
공간이란 섬을 도깨비불로 가득 채우고 있다

*

돌아가는 길, 어느 선술집에서 막춤이나 추어야겠다 후두둑 떨어지는 밤송이 가시들 그 마음 눈치 차렸는지 아야*의 무릎에 우루루 쏟아낸다 보드라운 살결 찌르며 다그친다 더 빨리 더 강렬하게 말갈기 세워야한다고 김명현**의 손가락까지 같이 종 치며 꿈의 노래 부르기 시작한다 바다와 하늘이 만나 수평선을 연주한다 격렬한 만남의 소리그림이다

*

  시인의 검지는 시어로 다듬어 세공하느라 폰 자판에서 미친 듯 독거미 타란툴라 춤 춘다 미칠 수 있는 그 순간 생의 절정, 또한 미슐랭 오르가즘이리니

  *일본의 피아니스트
  **한국의 피아니스트

3
가설무대

소리 없는 북
─가설무대·1

늙는다는 건
가설무대 커튼콜

빠닥빠닥 일어서면서
그 틈서리 무너지기 억울하다
연밥 속 연자 더 키워야하듯
겨드랑이 아래 독초 자라고 있다

소리 없는 북
둥, 둥, 둥 치고 있다

가을, 발걸음
―가설무대·2

은행나무 온몸 열 모아
제 잎 노랗게 물들이고
바람은 그 곁에서 찬 입김
후후 불어 식히고 있다
떠나야 할 때 준비하는 마음 알기에
그 곁 지켜주고 싶은 것이다
나무들 제 잎 다 떨어뜨리고 나면
봄의 무대 기다린다는 걸 믿기에
저리 당당한 것인가
사람은 이 무대 한번 떠나면
돌아올 수 없다는 걸 어찌 아는지
허덕거리며 다가오는 시간
계절 건너는 내 발걸음
멈칫, 멈칫거린다

까치집 외사랑
―가설무대·3

진하게 한번 꽃 피워보지 못하고

참나무 가녀린 가지 끝 까치집처럼

살몃 봄바람에도 떨어질듯 아찔하여라

발 뻗을 뿌리도 없이

시든 이파리 무성한

나의 가설무대여!

밟히다와 밟다
—가설무대·4

 미련 둔탁해 보여도 속은 있나보다 늦가을 바람 방향 없이 굴리는 몸들 지그시 꾹꾹 밟고 있다 세상 다 얻은 표정 당당하다 마른 땅, 진흙 밟으면서 우러러 올려 보았던 세력 마침내 눈 내리깔고 있다니!

 하늘 손잡고 나풀나풀 춤이나 추더니 오늘 맘껏 짓밟아 주리라 푸시럭, 푸시럭 짓눌린 비명 묵은 심술이 부채질한다 더 세게 꾹꾹 밟아본다 숨이 짓눌린 봄여름 빛살, 더 어두워진다

 가을 겨울되어 기세등등 등산화 구린내 안고 밟히는 은행 이파리들 밟고 밟히는 순환 고리에서 누가 승리자인가 시간의 수레바퀴 잘 돌리다보면 서로의 물때 시절 기다리는 것을

해야. 해야
―가설무대·5

네 발걸음이 내 등 돌멩이 굴리 듯 밀고 간다고 잡초나 질경질경 씹고 있을 수 없구나 열정이며 사랑인 빙하 더 이상 녹이려하지 말고 초침이 길 잃지 않도록 발걸음 재촉하는 가설무대에서 퇴장당할 지라도 지구는 살아야 하지 않겠는가

시간풀무질
―가설무대·6

서산 붉게 물들도록
바람 불어넣느라 어질어질했었는데

분명, 언제부턴가 구멍 나 있었던 거다
그럼에도 불구하고 계속 불어야만 했나?

어머니 생이 무대 위에서
춤출 기한에 쫓기고 있다는 걸 아는

그녀 타이어 참으로 매몰차게
슬쩍슬쩍 목숨바람 빼버리고 있는데

시간은 제 탱탱한 바람바퀴
한 순간도 풀무질 멈추지 않는다

커튼콜 한번도 주지 않을
마지막 잎새 흔들어대고 있다

골목길
—가설무대·7

  이제 그림자들만 오징어 게임하고 있을까 신작로에 대형버스가 날렵하게 빠르게 달린다고 큰길만 쫓아다녔지 흙먼지와 검은 연기 달게 마시며 내가 한마당 꿈꾸며 살아야할 무대 곧고 넓어야한다며 좁은 길 흙담에 기대어 핀 맨드라미 봉숭아도 못 본 척 밟고 지나 갔었지

  밥 때 되면 엄마들 제 배꼽줄
  자야, 숙아, 철이예이
  굴뚝에서 장작 타는 연기에 섞인
  시든 풀냄새 비웃으며 살아온 길,
  칠순이 낡은 앨범 정리하다보니
  그 시절 닿을 듯 말 듯 옷깃 스치던
  머슴애 굵은 눈망울만 남는다

  넓은 바다 아닌 작은 가슴에 기대어 콩닥콩닥 뛰는 심장소리 듣고 싶어 수평선에서 희번덕거리는 까치놀 이제사 네 그림자 찾아나선다

후드가 밤새 떨고 있었다
―가설무대·8

후드 튼다는 것은
냄새 걱정된다는 것
엊저녁 조기매운탕 끓였을 뿐인데
진짜 그것밖에 없는데
씨알 굵은 참조기 한 마리 반듯하게 눕혀놓고
새하얀 뱃살 달아오르도록 고춧가루
고추장 확 끼얹었을 뿐
풋고추들 빨갛게 흥분되어
보글보글 헉헉 숨찼을 뿐
단내나는 입맛도 장단 맞추듯
침 꼴깍, 꼴깍 삼켰을 뿐
가슴 속 숨어있던 겁, 무엇에 들킬까
밤새도록 후들후들 소리내고 있었나
범어포구 귀신고래 아직도
잠의 수렁에 빠져 있는데
쉿! 수컷 고놈 얼크리하면서
달달한 사실이었어 쩝, 쩝

팽이
—가설무대·9

누가 감히 날 후려치고 있는가
시시각각 변덕이 해코지하다가
사라지는 계절바람인가
게거품 물고 한풀이하는 파도인가
내 심연에 숨어있는
밑뿌리까지 흔들며 흐느끼게 한다
형체를 숨긴 회초리가
숨쉴틈 주지않고 때리면서 돌린다
그 무엇보다 가슴 찌르는 송곳 표창은
혓바닥이 요괴 문신한 말, 말
눈초리 입술 채찍질 둔한 눈빛과
뇌리 깨우는 삶의 경전이 되니
이 뽀드득 갈면서 다시 일어서라는
말씀 지지대되곤 했으니
어서 때려라! 등짝 피멍이 울면
관음보살님 손길 살며시 얹어주도록

타이어에 바람 넣는 나무
―가설무대·10

묵언이다
간간이 신음소리 내뱉으면서
손발 움직인다
뼈 속 깊이 박힌 겨울 몰아내고
전신에 봄바람 불어넣기 위해
바람 페달 밟아야 한다
폐타이어되어 버려지지 않게
밤잠 자지 않는다
아파트 사층 창 밖까지
내실 그윽이 바라보고 있다
흰 커튼 뒤 숨어 훔끔거린다
중국단풍 저 단단한 몸통
연푸른 날개 자꾸 자라나면
그 넓은 품에 안기어
내 연민둥지 틀어도 될까
봄밤이다 어쩌나!

뒷모습
―가설무대·11

   천사의 날개 속깃털 손길 닿기도 전에 사르르 녹아내린다 하늘에서 내려오는 구원 천사의 손길 서로의 가슴 꽃으로 피어난다 그것도 한 순간, 희다는 것은 온몸 숨구멍마다 검은 눈빛 숨어 있다 하얀 웃음 폭설되어 삶과 죽음의 갈림길이다 깊은 산 속 몇 그루 설해목 되어 우는 소나무처럼 눈먼 사랑 흰 눈빛으로 환호하고 있다

재울음 기다리며
―가설무대·12

코로나 파도 넘 거세었지
심해 청소해야 숨쉬기 편하다며
조상신 너울성 파도 일으켜 세웠었지
태풍 견뎌내야만 빛 볼 자격 있다며
내 부르튼 입술 징을 치면서
죽은 신에게 기도하며 시 만지면서
호작질하며 버티느라
종아리 힘줄 툭툭 불거지곤 했었지
길고도 짧은 한 생에서
내 기둥뿌리의 무대 거두려는
시간이 멈춰주길 제발 기도했었지
칠순이 여직 내 풋울음 잡지 못해
두서없이 처용무 추면서
놋쇠 소리가 징징, 꺼이꺼이 울면서
화투장 돌리기도 했었지
고스톱이 피부터 먹어야 한다지만
인생경전에선 패배의 길
쓴눈물 징한 울음길이었지

흰나비
―가설무대·13

어떻게 들어 오셨는가
흰나비 한 마리 베란다 푸르죽죽한
제라늄 잎에 나부시 앉아 계신다

살금살금 다가가 물 먹여 드린다
단풍잎 뵈러 이 산 저 골 다니느라
백한 살 이봉화 여사
다 너들 덕분에 잘 살았다
난 나비되어 날아 갈 테니
엄마, 엄마 울지 말고 잘 살아라

울먹이는 가슴 봉화불 피워주고
어머니 화르르륵 가볍게 퇴장하시더니
초겨울 아침 햇살 눈물 머금고 빛난다

벽
―가설무대·14

벽들이 일어서면 집이 된다
비온 뒤 죽순 같은 저만의 벽 키우고
난 도배장이 되어 어둔 벽마다
해바라기 벽지 바르거나
담쟁이 덩굴로 아무 콧등이나 붙잡고
허둥대기도 한다
끝내 물리칠 수 없는 벽
저 모르게 자라고 있던 거만의 얕은
꾀 내세워 벽 뒤에 나를 감춘다
숨 막히는 순간 나팔꽃 피우고
줄장미까지 꽃 피워 걸치기도 한다
아이들 섬과 섬
부부간 벽과 벽 사이 똑, 똑 두드려
살뜰히 안부 살피는 손끝 배려가
가시철조망 녹인다는 말씀
좌우 여야 이념의 콘크리트 틈에서
끝없이 자란 막무가내
벽이 길 묻는다

미투라 신고 않을래요
―가설무대·15

그냥 품에 푸욱 쓰러졌어요 무작정 덮쳤어요 놀라는 척 대책없이 엎어졌어요 물컹물컹 잡히다 햇살처럼 순식간이란 시간 점 찍고 지치지도 않고 달려와 온몸 더듬다 안기곤했어요

    수평선 너머 너울파도
    허락없이 푸욱 안겼으니까
    미투라 하지 않을래요

뜨개질
―가설무대·16

봄바람이 자두꽃 이파리 날리 듯

시나브로 시간 씹으면서

코 빠뜨리지 않으려 한 생 촘촘 엮어간다

오동나무 가지 끝에서 흔들리던

인생살이 어느 꽃으로 짜넣어야

무지개 무늬로 남을 수 있을까

늦은 밤 이명에 잠 못 들고 있다

해갈
―가설무대 · 17

간밤 폭우 속
내달리던 기차

오랜 가뭄 해갈되었는지
드르릉 코 골며 바다 속으로
기찻길 놓고 있나

온몸 뒤집은 풍뎅이
사지 흔들어대며 기적소리
생몸부림 중이다

칫과에서
─가설무대·18

오늘도 혼자 감당해야 하나?
별난 용품이 카리스마 끼워 빨리 누우라고
나비사탕 물고 견디는 맛이라
굳은 몸 대책 없이 눕힐 수밖에
거친 심장소리 입 열자말자
쇳소리 헐떡이며 전신 쑤신다
사지가 촉수 비비꼬며 꿈틀거린다
소심스런 물줄기, 열기 식혀 보려하지만
어느새 한 몸 되어 힘 겨루기다
피범벅이 비명 맘껏 지르라 허락하고
절정의 순간!
끈적한 그리움이 될 솜사탕 녹아내린다
사랑 사랑, 내 사랑니여, 안녕!

맹신도
―가설무대·19

    정치가 된 요즘 시인들 보면 내 모습 보인다 그렇게 비판 잘하던 이들 이제 잣대를 버렸다 무조건 내 편만 있을 뿐, 옳고 그른 비판없이 누군지도 모르는 귀신한테 무작정 편들고 맹종한다 살다보니 주위에 기댈 곳은 없고, 세상이 두려워 가족 위한답시고 샤머니즘에 빠져 휘파람이 동자귀신 부르는 보살 찾아 징소리에 휘감겨 손바닥 닳도록 빌기도 했었다 천성이 어리석어서 지금도 내 방 기운이 좋으니 나쁘니 액자를 걸면 풍수가 맞니 안 맞니 시건방진 소리에 매달리는 내가 부처님 조상님 열병대신님 우야든지 살려주이소 그 틈에 몸도 마음도 점점 구속에 길들여지고 어디선가 늘 지켜보고 있는 눈길에 점점 귀머거리, 벙어리, 당달봉사되어 간다

자가격리 중
─가설무대·20

코로나 19는 마스크가 막을 수 있지만
학쟈스민 사랑의 향기
문고리 걸고 손발 묶어 가두어도
서로 만날 수밖에 없으니

처용의 여자
그를 허무하게 떠나보낸 이후의
삶 암병동이라며
한 시절 연밭 그리면서
눈귀 멀리 날려 보낸다

4
시인의 레시피

백탑시인

  평생 백 개의 탑 세워야 수미산으로 들어갈 수 있다는 바람의 말에 시, 탑이라도 세워보자고 아리채*에서 무작정 오늘 호미질하고 있다

*요양병원

미슐랭 스타

고요가 부풀어 오른 절망
꾹 눌러 삼키면 적막이 된다

까막새 과수원 외딴 오두막 지키는
미루나무잎 수숫대 흔드느라
서걱거리는 바람

어둠 찌르는
내 소리 '꽃밭에서' 섞어 버무리는
나는 적막요리사

자갈 갱분에서 하늘거리는
코스모스 보살님과 나누어 먹는다

시인의 레시피

암병동이 가시투성이 벽이지만 가시로 맛깔나게 지지고 볶는 일류 요리사 되려 육감이 결코 녹슬지 않도록 잠재우지 않는다

까악까악 밤새 까마귀 소리도
인생요리 레시피에 넣는다

봄날, 명시 한 편에 젖어들다

홍쌍리 매화농원에 서 보면 힘이 보인다
긴긴 그리움의 꼬리 산등성이마다
흑매 청매 수양매 백매 향 흩뿌린다
각자 빛깔의 망토 걸친 투우사들
눈바람과 싸워 이기는 길 찾는다
사람이 그립고 외로워서 매화나무를 심었어요*
억센 갈쿠리 손과 목소리로
호령하는 여전사 모습 보여준다
봄날이 명시 한 편 펼쳐놓은 산비탈에서
자신의 생 뒤돌아보며
병실 바깥 밤하늘 밝히는 별들
미친 듯 채색하는 나를 보고 있다

*홍쌍리 여사의 말

생선회를 먹으며

  시는 날 것이라야 하는가 길 없는 길에서 굶주린 얼음산 표범이 겨우 찾아낸 먹이처럼 핏물이 맑고 선명한 맨날 그런 염불이나 하다가 제 몸이 누구에게 먹히고 있는 줄 모르고 헛구역질 배는 고프고

  누구는 여섯 번 끝나는 항암주사
  열 네 번씩이나 왜? 먼 곳까지 찾아와
  밥 한 그릇 마주하는 이들
  정이 눈물겹다

빙하, 혹은 커튼콜

*

언제부터 싹트기 시작한 것일까 얼음에 꽁꽁 갇혀있던 연민의 싹, 뿌리의 떨림 거부할 수 없었던가 칼미움 다 내려놓고 싸늘한 눈빛 열쇠로 풀어 저 따스한 물결 따라가면 온갖 오물로 가꾸어진 쓰레기더미 구경할 수 있을텐데

*

세상꽃들이 루즈 색깔 가꾸다 꿀벌을 말벌로 바꾸고 있는 아름다운 이들 바닷물 넘치거나 말거나 매순간 꺾어버리는 저 나무젓가락 숲 태워버리거나 말거나 지구의 모든 관절 삐걱거리는 소리 시작한 애증의 논리, 그 전류들 밤낮 꿈속 뻗어나가고 있으니

*

사람 사이 얼음벽 무너진다는 것은 서로간의 벽 허물어 온천지 햇살 입술 피워 향기 스며든다는 것인데 왜, 바닷물 넘치고 고래들 숨가빠 해안으로 밀려나야 하는

지 여기 저기 흔들리는 지축 벌, 나비들 암수 가리기 애매한지 어디로 숨어버렸는가

*

어느 순간부터 사람의 마음을 닮아 녹아내리는지 사랑의 천사들 피어날 순서 의심은 의심을 낳고 혼돈에 빠진 종이컵, 종이접시 오늘도 수백 그루 나무 베어내는 현장 찾아 떠내려가고 있다

*

설산은 하늘 잣대와 본분 잊어버린 채 점점 뜨거워져가는 입김으로 빙벽 무너뜨리고 있을 뿐인가 노을은 제 거친 혓바닥 해 삼켜버리고, 바다는 핏물 넘쳐 해안선 지우고 있는데, 벙어리뻐꾸기 한 마리 암전된 뱁새의 둥지 살피고 있다

내 안이 동물원이다

몇 마리 짐승 키우고 있는지 잘 모른다
짐승들, 괴상한 변종으로 태어나고 있어
감당이 불감당이다
때론 하이드 같아 공포스럽고
돼지다 싶으면 미련 곰텡이
파랑새라 행복해 하면 독수리
어느 구석에서 뭐가 튀어나올지 미지수
그래서 난 시 쓰든가 읽어야 한다
잔잔히 흘러 강물 같은 시가 잠재우던가
사랑의 서정시가 달래주어야 한다
저 괴상한 괴물들
때밀이 기질로 기 파싹 죽여야 한다
시든 상추처럼 힘쓸 수 없도록

꽃뱀의 눈썰미

내 시의 혓바닥이

별똥별 이빨 같은 한 마디 비수

꽃뱀 허물처럼 남아 있어야 막막한

어둠의 심지 연소시킬 수 있다

얼른 눈썹부터 찐하게 그려본다

양귀비꽃 요염 물 건너 가버린 줄 모르고

짧은 꼬리 새끼꼬듯 비틀어 본다

달북의 동기간愛

　이천십육년 오월 어느 날 팔공산 동기간愛에서 달북은 낡아가는 모습 바라보는 일이 재미있다면서 신록, 담록, 연록 조곤조곤 애길하셨다 떨리는 손으로 7 대 3 가르마 탄 남자와 귀여운 여자 사이 검은 고양이를 그리곤 사인을 2016 뭉순이라고 정숙은 처용무, 박이화 황명자는 방천연가에 전시할 시화 육필을 쓰고 있는데 선생님 동네 흑백 주황색 패션의 고양이 세 마리 이름을 요년, 조년, 고년으로 부른다는 얘기 담장에 걸터앉아 엿듣던 노란 장미들 화들짝 피어나고 있었다 노태우 생가 위로 연초록 문필봉이 십팔세 머슴아 아침 펜티 속 같다며 허허로운 웃음 흰구름 되어 봉우리에서 피고 지는 인연 즐기고 계시는가 연록이 오징어 게임하면서 신록으로 넘어가고 있다

　*달북은 문인수 시인의 호

처용 아내

멈추면, 노를 멈추면 당장
밥그릇이 고픈 나룻배
어기여차 물집 손으로
처용의 노 대신 젓느라
이십세기 말, 바람 닻줄에 멱살 잡힌
에스컬레이터, 그 여자
자신이 멸종위기인 줄 모르고
몸 속 검은 꽃밭 가꾸고 있다

가을 엽서가 도착했다

산다는 건
마디 만들어가며
쉬엄쉬엄 쉬었다 가는 일이라고

도동 은행나무가 몇 백 년 전
눈 비 바람 간직하고 있으니
인내심 선물 나눠주겠다고

무호흡으로 영상실에 누워
아무 생각 없이 그저 흐르는 물은
꽃을 피울 수 없다는 것을
우포늪에서*를 읽는다

잠시 쉬면서 마디 하나 만드는 중이라고

*정숙의 『위기의 꽃』에 실린 시

해바라기와 시건방 떨다

 진종일 해바라기 빈집 지킨다 사유 깊어지면서 제 씨앗 여물어지기만 기다린다

 나는 그 열매 까먹으며 몰래 숨어든 해 훔친다
 해 그림자는 내 시건방 촉 깨우고
 비로소 하늘이 별로 높지 않다는 걸 깨닫는다

 내가 사라지면 아무 것도 없다는 것을
 산다는 것이 부끄러움 쌓는 일이라며
 고개는 자꾸 땅 내려다본다

생이란

벼랑 끝 바위에서 겨우 살아남아

맘대로 몸 키우지 못하는

소나무 한 그루

목숨 뻗어나갈 물 한 모금과 흙 한 줌

한 평생 허덕이며 길 찾아야 한다

이천십육년 삼월

　수양매화가 하늘에서 훔친 봄향 땅으로 슬그머니 풀어놓았다 쉿, 들키지 않게 더 은근 상큼하라 속삭이며 매향은 외씨버선 살폿한 미소 닮으려 언니의 연두 치맛자락 잡고 바람수다에 귀 기울이고 있을 때

　요양병원 침대에서
　항암주사 바늘 어디 꽂을 것인가
　엉큼한 향 몸서리 치고 있었다

시, 너는

빗발치는 저 눈빛과

말의 늪에서

손 내밀어주고 가려주는

詩, 너는 내 어둠의

기둥서방이느니

말의 무늬

　내 시의 쌉싸래한 맛 잡는다고 사유의 불망치로 때리고 찬물에 식히느라 상처뿐인 삶의 마디마디 붉은 낙관 꾹 눌러둔 한 생의 몸부림 흔적이라니

시, 발

밥이 아니라 이제 마스크가 생목숨 줄인데도 내 시의 발은 코로나 19에 얼마나 떨었는지 그 흔하디 흔한 영감 하나 주워 오지 못하고 게으른 냥이 한 마리 빈둥거리고 있네

| 시인의 산문 |

신생의 시간을 찾아서

1

내 시의 고향은 경북 경산군 자인면 계남동 까막새 외딴 과수원집이다. 1남4녀 중 셋째 딸인 나는 아버지의 사랑을 듬뿍 받으며 어린 시절을 보냈다. 아버지는 머리맡에 사냥총을 세워놓고 밤을 지켰으며, 큰 개를 앞세워 사냥을 즐기시곤 하셨다.

어린 나는 사냥 가는 아버지 따라 산길, 들길을 돌아다녔던 시간들이 내겐 새벽이슬 함초롬히 머금은 들꽃과 이야기를 나누는 신생의 시간이었다. 사과나무, 살구나무와 많은 이야기를 나누며 사유라는 꿈의 비눗방울을 마구 날려 보냈다고나 할까?

탱자울타리 따라 찔레꽃 향기가 피어나던 과수원집 앞 갱분에는 키 큰 귀리들 서걱대면서 포플러잎이 바람에 흔들리는 노래와 화음을 맞추었다. 홍수가 지나간 뒤 여름날 노을이 물드는 저녁답이면 피리낚시와 헤엄치기,

여름밤에는 솜뭉치에 휘발유를 묻혀 불치기로 잡은 물고기로 매운탕을 끓여 먹었다. 코스모스가 냇물 따라 흐드러지고 그 추억의 보석함이 「동백」, 「목화솜」, 「까막새 연정」 등의 시편 속에 고스란히 숨어있다 하겠다.

2

아버지는 여자는 예뻐야 한다면서 어린 딸들에게 루즈를 발라주고, 고대기를 화롯불에 데워 머리카락을 곱슬곱슬 말아주셨다. 아들 대학교육시키기도 힘든 때였지만 아버지는 네 딸을 모두 대학교육을 시켰으니 생각할수록 감사한 마음뿐이다.

대학 3학년 겨울, 아버지와 처음 서울 고모댁으로 가는 날 눈이 펑펑 내렸다. 그 때 아버지는 "여자는 착하기도 해야 하지만 고종사촌 언니처럼 대차고 씩씩한 면도 있어야 한다."고 은근히 일러주셨다. 당신 생각에 딸이 바보스러워 속도 많이 상했을 것이다. 그 말씀이 평생 잊혀지지 않는다. 두 고모부은 첫시집 『신처용가』의 처용의 모델이었다.

아버지는 내가 국문학과를 다니기 전부터 장덕조 같은 소설가가 되라시며 집안일을 시키지 않으셨다. 세월이 후딱 지나서 소설가 대신 시인이 되었다. 나에게 아버지는 절대 권력자로, 전지전능한 분으로 믿었는데 만년에 편찮으실 때는 아버지를 나 자신이 살려야한다고 생각했지만 그게 어디 마음대로 되는 일이던가. 타계하신 지 어언 이십여 년이 지났지만 살다가 힘들 때마다 나를 지탱해주신 분이 부모님이란 사실 새삼 깨닫는다.

「능소화 폭포」, 「흰나비」, 「시간 풀무질」 등의 시편에서 소설처럼 시를 쓰고 싶었다.

3

드디어 밥을 자신다! 하루 한 끼 생식만 드시던 그가 1997년 외환위기 시작될 때쯤 세상 낌새가 이상하다며 잘하던 사업을 접어버렸다. 주민등록증과 도장까지 내게 맡기고 십년 째 누워 막걸리와 소주만을 고집하던 그가, 어느 날 거울 속에서 실험실의 모형처럼 뼈만 덜커덕거리는 맨몸에 스스로 놀라 거짓말처럼 밥맛에 길을 들였다.

공황장애로 가족들의 애간장을 그리 태울 때 나는 내 길 찾는다며 등단을 하고, 첫시집 『신처용가』를 펴냈다. 그리하여 '처용아내'란 전매특허 닉네임을 얻었다. 『신처용가』를 시극으로 나의 길을 택한 한 수가 통했던가. 그는 드디어 목숨줄인 밥을 자시기 시작했다.

안동 김씨 맏이 김배달 씨, 그는 자신이 처용이라며 손수 밥을 맛있게 지었다. 야무지게 쌀을 뽀드득 씻으며 서울 행사에 간 내게 몇 시에 오느냐, 밥 먹고 오느냐 확인 전화부터 한다. 대구시 계산성당쪽 출신인 김남조 선생님이 저녁 시간이 되면 "처용씨가 전화할 때 되었다."며 서울역까지 데려다주시곤 하셨다. "처용씨한테 뭐라고 얘기하고 왔느냐."고 조곤조곤 물으시면 "메뚜기도 한철이라하고 왔습니다."고 나는 반농조로 말씀드리곤 하였다. 「처용아내」, 「해갈」에서는 처용아내보다 처용의 여자가 되고 싶다는 넋두리이기도 했다.

누워서 십년 보낸 그가 느지막이 설거지까지 뽀드득 잘하며, 선후배 모임에서 밤새 화투까지 그리 또한 십년 잘 보내고 2021년 자기 생일날인 초파일 새벽, 칠십 칠년의 가설무대를 떠나갔다. 덤으로 받은 시간 잘 마무리하고 물 삼키는 것, 목소리까지 다 반납하고 갔으니……. 「이천십육년 삼월」, 「화투치는 밤」, 연작시 「가설무대」에서 다시 그를 만난다.

4

나는 오랫동안 시를 기둥서방으로 삼았다. 암 세포와도 잘 싸웠으니 유월의 나무들이 저마다 짙푸른 빛 날개를 펴고, 바람이 상상력 속 헤집고 다니며 입김을 불어넣느라 제 옷깃이 연둣빛으로 흠뻑 물들어 곧 날아오를 것 같았다. 두근거리는 가슴 달래어 「가을 허공」은 빈

공간이나 공허가 아니라 엄마의 기도처라며 승무와 처용무를 그리기 시작하였다.

　나의 샤머니즘이기도한 바람의 징채에 흠씬 두드려 맞으며, 스스로 징을 치면서 살았던 풋울음 아닌 재울음 찾고 다녔다. 입 발린 소리로 「재울음 기다리며」, 「별똥별에 관한 보고서」, 「맹신도」, 「뒷모습」 등 연작시 「가설무대」를 쓰면서 기적은 그냥 찾아오는 것이 아니라 스스로 찾아야 한다는 걸 견딘 신생의 시간이었음을 새삼 깨달았다.

5

　점점 모든 사물들이 날 세운 가시로 바람의 간이 짠지 싱거운지 빗물의 체온도 재어 맛보고 햇살의 심장 뜨거운 부분을 찔러 깊은 통증에 나른하게 젖어도 본다. 투정도 하며 붉은 꽃송이 피워 색으로 향기로 품었다 뱉었다가 색정증 굴레를 벗어나지 못하는 시인은 미투의 달인이 되어야만 하는 숙명인가? 내 가슴에 떨어진 별똥별, 십년이 지나니 그 사실도 아름다운 추억이 된다. 내 가설무대에서 물러나란 뜻인 줄 알고 받아들이려 했지만, 분명 커튼콜이 있었는지 아직 살아 시를 쓰고 있다. 이제 주어진 가설무대에서 완전히 사라질 때까지 「빙하 혹은 커튼콜」에서 기후환경 잔소리도 좀하고 고마

운 분들에게 미리 인사해야 하지 않겠는가?

　말씀으로 눈빛으로 괴롭힌 이도 많았지만 응원해준 분들이 더 많았다. 양면의 그런 분들 덕분에 세상 참 살았던 것 같다.

　시 공부하는 제자들에게 자주하는 말 "이를 갈아라." "사유의 삽질 더 깊이 하라."고 닥달한다. 그것이 자신을 가장 사랑하는 길이라 생각하기 때문이다. 특히 징에 대한 시편들이 많은 것은 나의 샤머니즘에 대한 경험이 바탕이 되어 있기도 하다.

　어느 날 가슴에 떨어진 그 별똥별 때문에 살려고 발버둥치며 쓴 시와 처용무 그림은 호작질이기도 하지만 요양병원에서나, 집에서나 나의 처절한 기도문이기도 하였다.

6

　라흐마니노프 작곡, 아야의 피아노 연주를 들으면서 나는 손가락으로 폰 자판기 두드리며 미친 듯 헛소리 마구 뱉어내었다. 나는 '카루소'를 좋아한다. 파바로티의 카루소에는 사랑하다 죽어버리고 싶은 늙은 소년 열망이 피를 토한다. 어린 소녀와의 사랑이 마약이라지만 아무리 몸부림쳐도 사라사테가 바이올린 선율에 그린 집시의 달을 따라갈 수 있을까?

그럼에도 불구하고 나정바다의 파도 다 끌어안으려는 낡은 소녀의 터질 듯 가슴 고동을 이길 수 없지 않겠는가. 큰소리로 뻗대 보지만 카루소가 부럽다. 그 흔적이 「한여름 밤의 광시곡」이다. 사실은 그런 사랑보다 감동이 있는 시 한 편 쓰고 싶어 이렇게 진정한 깨달음과 발견의 순간 기다리며 시에 미치고 있는 것이다.

남은 가설무대에서 일류 연기자가 되어 기립박수를 받아야하는데 한 번 더 커튼콜을 받아야하는데……. 무엇보다 원시의 파도 소리에 잠들 수 있는 외계인들의 동굴호텔부터 가야겠다. 어찌되었건 가설무대에서 내려가려는 찰나 커튼콜 박수를 받았다는 것은 실로 기적이 아니겠는가.

7

시할머니부터 4대가 한 집에서 거의 열한 식구가 사는 적산가옥 백서른 평의 맏며느리는 핑계이기도 하겠지만 어쨌거나 그런 틈에서 나의 버팀목들에게 더 많은 관심과 사랑을 주지 못해 늘 미안한 민아, 정현, 승현. 그럼에도 불구하고 잘 자라준 2남1녀의 부부와 손자, 손녀들이 같이 있어도 그립기만 하다. 특히 곁에서 건강을 챙겨주는 맏며느리야 고맙다.

올 여름에도 딸 덕분에 가족이 속초에서 같이 파도소

리 즐길 수 있어 너무 든든하고 고맙고 사랑한다.「노란 바람개비들에게」속의 "동영, 민규, 곤태, 민서, 태하야" 사랑한다.

 멀리 떨어져 있어도 엄마의 마음과 눈은 항상 너희들쪽으로 머물고 있다는 사실 잊지 말아다오.

 8
 나는 오랫동안 징의 재울음 같은 한국적인 정서의 한이 녹아들어 진한 감동을 주거나 아니면 풍자와 해학으로 재미라도 있어야 한다는 고집을 버릴 수 없다. 그러려면 내 안에 숨어있는, 아니면 가까이 있는 진정한 징의 고수와 징채를 찾아 모셔야 한다. 늘 감사한 마음가짐으로 신중히 그 깻단들을 털고 있다.
 시집 『가설무대 커튼콜』에서 나 자신의 진정한 모습을 보여주고 싶었다. 〈구름이 하늘에 멋드러지게 꽃 피우듯 한 순간 바람의 깃털에 찔려 숲속으로 쿵, 넘어지는 설해목 여린 등걸을 쓰담, 쓰담 어루만져주는〉 손이 되고 싶었다.

만인시인선 88
가설무대 커튼콜

초판 인쇄 2025년 8월 25일
초판 발행 2025년 8월 30일

지은이 / 정　　숙
펴낸이 / 박 진 환

펴낸 곳 / 만인사
출판등록 / 1996년 4월 20일 제03-01-306호
주소 / 41960 대구광역시 중구 명륜로 116
전화 / (053)422-0550
팩스 / (053)426-9543
전자우편 / maninsa@daum.net
홈페이지 / www.maninsa.co.kr

ⓒ 정 숙, 2025

ISBN 978-89-6349-197-4 03810

값 12,000원

* 이 책의 내용의 전부나 일부를 사용하려면 반드시 저작권자나 만인사 양측의
  동의를 받아야 합니다.

만/인/시/인/선

1. **이하석** 시집 | 高靈을 그리다
2. **박주일** 시집 | 물빛, 그 영원
3. **이동순** 시집 | 기차는 달린다
4. **박진형** 시집 | 풀밭의 담론
5. **이정환** 시집 | 원에 관하여
6. **김선굉** 시집 | 철학하는 엘리베이터
7. **박기섭** 시집 | 하늘에 밑줄이나 긋고
8. **오늘의 시 동인** | 「오늘의 시」 자선집
9. **권국명** 시집 | 으능나무 금빛 몸
10. **문무학** 시집 | 풀을 읽다
11. **황명자** 시집 | 귀단지
12. **조두섭** 시집 | 망치로 고요를 펴다
13. **윤희수** 시집 | 풍경의 틈
14. **장하빈** 시집 | 비, 혹은 얼룩말
15. **이종문** 시집 | 봄날도 환한 봄날
16. **박상옥** 시집 | 허전한 인사
17. **박진형** 시집 | 너를 숨쉰다
18. **정유정** 시집 | 보석을 사면 캄캄해진다
19. **송진환** 시집 | 조롱당하다
20. **권국명** 시집 | 초록 교신
21. **김기연** 시집 | 소리에 젖다
22. **송광순** 시집 | 나는 목수다
23. **김세진** 시집 | 점자블록
24. **박상봉** 시집 | 카페 물땡땡
25. **조행자** 시집 | 지금은 3시
26. **박기섭** 시집 | 엮음 愁心歌
27. **제이슨** 시집 | 테이블 전쟁
28. **김현옥** 시집 | 언더그라운드
29. **노태맹** 시집 | 푸른 염소를 부르다
30. **이하석 외** | 오리 시집
31. **이정환** 시집 | 분홍 물갈퀴
32. **김선굉** 시집 | 나는 오리 할아버지
33. **이경임** 시집 | 프리지아 칸타타
34. **권세홍** 시집 | 능소화 붉은 집
35. **이숙경** 시집 | 파두
36. **이익주** 시집 | 달빛 환상
37. **김현옥** 시집 | 니르바나 카페
38. **도광의** 시집 | 하양의 강물
39. **박진형** 시집 | 풀등
40. **박정남 외** | 대구여성시 20인선집
41. **박기섭** 시집 | 角北
42. **윤성도** 시집 | 고통과 함께 잠들다
43. **권운지** 시집 | 갈라파고스
44. **김연대** 시집 | 아지랑이 만지장서
45. **윤희수** 시집 | 정곡
46. **김상윤** 시집 | 슈뢰딩거의 고양이
47. **박지영** 시집 | 검은 맛
48. **박영교** 시집 | 춤
49. **이정환** 엮음 | 현대여성시조 21인선집
50. **박진형** 엮음 | 서른 여섯 편의 사랑노래